闯进古文才子班

秒懂漫画文言文
（悦读版） 第一辑（4）

语小二 ·编绘·

人民邮电出版社

北京

图书在版编目（CIP）数据

闯进古文才子班：秒懂漫画文言文：悦读版. 第一辑 / 语小二编绘. -- 北京：人民邮电出版社，2023.9（2024.2重印）
ISBN 978-7-115-61996-9

Ⅰ. ①闯… Ⅱ. ①语… Ⅲ. ①文言文－通俗读物 Ⅳ. ①H194.1

中国国家版本馆CIP数据核字(2023)第120064号

内 容 提 要

　　古典文学是我国传统文化中的璀璨明珠。千百年来，我国涌现了大量文学名家，他们创作的作品题材广泛、影响深远，他们的名篇名作穿越千年，散发出夺目的光芒。本书选取了我国历史上的五位文学名家——司马迁、贾谊、司马相如、蔡文姬、曹植，将他们的人生经历、创作历程用漫画展现出来，并对他们的名篇名作加以介绍，以期通过这种方式让读者走近古代文学名家，了解名篇名作创作背后的故事，领略名篇名作的魅力。

　　本书适合中小学生以及其他对古典文学感兴趣的读者阅读。

◆ 编　　绘　语小二
　　责任编辑　付　娇
　　责任印制　周昇亮

◆ 人民邮电出版社出版发行　　北京市丰台区成寿寺路 11 号
邮编　100164　　电子邮件　315@ptpress.com.cn
网址　https://www.ptpress.com.cn
天津善印科技有限公司印刷

◆ 开本：880×1230　1/32
印张：5.5　　　　　　　　　2023 年 9 月第 1 版
字数：211 千字　　　　　　2024 年 2 月天津第 2 次印刷

定价：39.80 元（全 5 册）

读者服务热线：(010)81055296　印装质量热线：(010)81055316
反盗版热线：(010)81055315
广告经营许可证：京东市监广登字 20170147 号

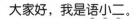

大家好，我是语小二。

从 2020 年开始，我们创作了《闯进诗词才子班 秒懂漫画古诗词》系列作品，并分别在 2021 年和 2022 年出版了四辑图书。这四辑图书上市后，很多读者都非常喜欢，我们收到了无数条反馈意见。其中有两条意见特别突出。一条意见是"你们的作品中只有诗人、词人，可是还有其他许多古代文学名家并没有包括进来。怎么不讲讲他们的故事呢？"，另一条意见是"《闯进诗词才子班 秒懂漫画古诗词》系列作品确实可以帮助读者了解诗词、学习诗词，不过在中小学生的学习难点中，还有一类是文言文的学习，你们能不能创作一些漫画，把文言文的知识也涵盖进去呢？"。

这两条意见让我们陷入沉思。中国古典文学作品浩如烟海，文学名家灿若繁星，如果能把他们的故事和名篇佳作也用漫画讲述出来，那将是一件多么有意义的事情！于是，经过大量的梳理工作，我们筛选出了二十位中国古代文学名家，把他们聚集在一个班级——"古文才子班"里，通过富有想象力的漫画来讲述他们的人生故事，并将他们在不同人生阶段创作的名篇佳作融入故事中，讲明这些名篇佳作的创作背景，同时用简洁的文字对作品内容予以诠释。

在本系列图书中，我们还设置了"拓展学堂"，以期通过这个栏目，介绍更多的古典文学知识。

如果我们这一次微小的努力，可以帮助读者更好地了解书中的每一位古代文学名家，拉近读者与名篇佳作之间的距离，使读者对中国古典文学产生兴趣，那就太棒了！

语小二 漫扬文化

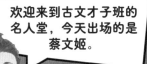

欢迎来到古文才子班的名人堂，今天出场的是蔡文姬。

姓名：蔡琰　　　字：文姬、昭姬

号：无　　　别名：无

性别：女　籍贯：陈留圉（yǔ）（今河南杞县）

生卒年：约 174 年—?

外貌特征：风华绝代

最喜欢或最擅长的事：弹琴、写诗、书法

这里真热闹。

"假如我有选择的自由"

蔡文姬

这是一个寒冷的秋夜，
在浩瀚的蒙古草原荒漠中，明月当空，枯草瑟瑟，
一座座毡帐摊靠在地上，里面的人和外面的马都睡着了，
四周一片寂静。
忽然，从一顶粗糙的毡帐里，
传来一阵哀怨的琴声。
抚琴的人，是一名二十多岁的女子，
在苍凉的月光下，她就像仙子一样美丽。

这个仙子一般的人，就是历史上赫赫有名的蔡文姬。
蔡文姬为什么会出现在草原荒漠里呢？
这个让人悲伤的故事，要从很久以前说起。

蔡文姬，本名蔡琰（yǎn），字昭姬，
晋人修史时，为了避讳司马昭的"昭"字，改记为"文姬"；
陈留圉（今河南杞县）人，大约生于 174 年。
她的父亲是东汉著名的大学者蔡邕（yōng），
拥有非同一般的才学。
我国历史上最早的官定儒家经典刻石《熹平石经》，
就是由蔡邕主持刊定文字、负责抄刻的。
蔡文姬是蔡邕的第一个孩子，
她的到来让蔡邕欣喜异常。

蔡文姬

蔡邕把蔡文姬视为掌上明珠，对她百般呵护。
蔡文姬出生在这样的家庭，拥有这样的父亲，
可以说，一出生就坐上了"幸福班车"。

可惜的是，人生总是充满了意外和波折。
当时，正值东汉末年，朝政昏庸。
蔡邕屡次弹劾宦官，上书朝政阙失，得罪了奸臣，遭人诬陷。
朝廷大怒，下令将蔡邕处死。
幸好友人搭救，朝廷才改变主意，将蔡邕流放到五原（今内蒙古包头）。
这一年，蔡文姬还很小，跟着父亲颠沛流离，吃尽了奔波的苦。

孩子，真是苦了你了！

只要跟父亲在一起，再苦也不怕！

后来，蔡邕被赦免，可以还乡。
但启程回乡前，
蔡邕得罪了五原太守王智，又被迫流亡江南，
这一去就是十二年。

父亲，您别担心，
我会一直陪着您的。

蔡文姬

流亡的岁月虽然艰辛，
但蔡邕对女儿的教育一刻也没有放松。
当时的人多以《女诫》教育女性要遵守种种礼仪规范，
恪守本分。
可是蔡邕对女儿的教育却不仅仅是这些内容，
他把自己的本领倾囊相授。

蔡文姬天资聪颖，
小小年纪就博学多才，精通文学、书法、音乐。

有一次，蔡邕抚琴，一根琴弦突然断裂。
在一边听琴的蔡文姬说，断的是第二根。
蔡邕以为她是蒙对的，又挑断了一根琴弦。
蔡文姬说，这次断的是第四根。

父亲，您是在故意考我吗？
这么简单的题可难不倒我哦！

见女儿如此聪慧，
蔡邕十分惊异，
他在心中默默给女儿点赞。

我这个女儿不一般，
以后要什么样的男子
才配得上她呢？

蔡文姬

就在这漫长的流亡岁月中，
蔡文姬渐渐长大了，
很快就到了婚配的年纪。

在蔡文姬十六岁这一年，
经过父亲的精挑细选，
蔡文姬被许配给了一个叫卫仲道的少年。
卫家是名门大族，
祖上出过大将军卫青。
卫仲道翩翩少年，一表人才，
与蔡文姬可谓天造地设的一对儿。

然而，婚后只过了一年多，
卫仲道就忽然去世了。
蔡文姬纵然才华满腹，
没有生下孩子，
在卫家待不下去，只好回到自己的家。

学问高有什么了不起？
还不是被赶回了家！

蔡文姬

好在蔡邕十分疼惜女儿，
家中的大门永远为女儿敞开。
蔡文姬就这样恢复了出嫁之前的状态。
然而很快，蔡文姬迎来了生命中的又一次打击。

当时，臭名昭著的大军阀董卓把持东汉朝政，迫使蔡邕回朝做官。

随后，各路诸侯纷纷起兵讨伐祸国乱政的董卓。

董卓身死，蔡邕也被牵连下狱，后来死于狱中。

失去了父亲的庇护，对于蔡文姬来说真是如天塌了一般。

但这还不是最惨的，

很快，她就遭遇了生命中的又一次暴击——战乱。

当时，天下大乱，战火纷飞。

有一次，蔡文姬的家乡发生了一次大战，

蔡文姬不幸落入胡人手里，被掳（lǔ）往关中。

从今往后，
你就是我的奴隶！

蔡文姬

关中并不是她漂泊的终点，

抵达关中后，胡人军队转道北上，

将蔡文姬带到美稷（jì）（今内蒙古准格尔旗附近）。

蔡文姬一路辗转，行程长达三千多里。

她写了一首五言叙事诗，名为《悲愤诗》，

其中详细描述了她被掳的遭遇。

猎野围城邑，所向悉破亡。斩截无孑（jié）遗，尸骸相撑拒。

马边悬男头，马后载妇女。长驱西入关，迥路险且阻。

还顾邈（miǎo）冥冥，肝脾为烂腐。

——《悲愤诗》

一路上遍布残破的城池、被践踏的农田，以及无辜百姓的尸骨。
乱军追杀男人，砍头作为军功；掳掠女人，把她们拖在马车后。

拓展学堂

　　《悲愤诗》是一首五言古体诗。古体诗是一种诗歌体裁，格律自由，不要求对仗工整、平仄和谐等，其包括四言诗、五言诗、七言诗和杂言诗等形式。五言古体诗是五个字一句，产生于汉朝，后来逐渐取代了四言诗的正统地位。

···········

所略有万计，不得令屯聚。或有骨肉俱，欲言不敢语。

失意几微间，辄（zhé）言毙降虏。要当以亭刃，我曹不活汝。

岂敢惜性命，不堪其詈（lì）骂。或便加棰杖，毒痛惨并下。

旦则号泣行，夜则悲吟坐。欲死不能得，欲生无一可。

彼苍者何辜，乃遭此厄祸。

···········

——《悲愤诗》

乱兵随意地虐待被劫掠的人，
被劫掠的人每时每刻都活在担惊受怕中，
甚至见到亲人，都不敢随意说一句话。
在长达三千多里的漂泊中，
蔡文姬见到的只有血泪与疮痍（yí），
得到的只有耻辱和痛苦。

蔡文姬

以蔡文姬的才情，
如果生在太平时代，
她完全可以过上优渥的生活，
选择做一名诗人、书法家或者音乐家。
可惜，生逢乱世，她哪里有选择的自由呢？
蔡文姬只能身如飘萍，四处漂泊。

后来，蔡文姬到了匈奴驻地，被献给了匈奴左贤王。

从此以后，你要好好侍奉我们左贤王！

史书中没有写明二人是如何相处的，
但通过《悲愤诗》，我们能够猜想到，
蔡文姬既不幸福，也不快乐。

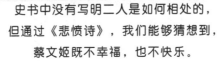

边荒与华异，人俗少义理。

处所多霜雪，胡风春夏起。

翩翩吹我衣，肃肃入我耳。

感时念父母，哀叹无终已。

有客从外来，闻之常欢喜。

迎问其消息，辄复非乡里。

——《悲愤诗》

她在诗中说，这里民风彪悍，人们不拘礼节，
气候也与故乡不同，总是霜飞雪飘。
"大风吹透了我的衣裳，萧萧的风声让我如此悲伤。"
她每时每刻都想念着远方的故乡和亲人。

每当有客人来到匈奴的驻地，
她都会满心期待地去问客人是不是老乡。

你是从中原过来的吗？

然而，她几乎每次都是失望而归。

如果蔡邕还活着，

或许还可以打听女儿的下落，把她救回来。

但他已经去世，

蔡文姬回归故乡的希望就很渺茫了。

她只能把自己的思念埋在心中，

融入胡笳（jiā）的曲调中。

蔡文姬

每当夜幕降临，蔡文姬就更加抑制不住思乡之情，

可她一个弱女子，又能如何呢？

举目所见，皆为连绵毡房、无光星月，

耳中所听，皆为呼啸寒风、胡笳马鸣。

在这样悲苦的遭遇中，唯有一点生命的亮色，

那就是她有了两个自己的孩子。

尽管生活朝不保夕，但两个孩子给蔡文姬带来了一丝久违的温情。

妈妈，
快来和我们一起玩！

每当蔡文姬思念家乡的时候，孩子们都会安慰她。

妈妈，你怎么又
不开心了？
我抱抱你，你心情
有没有好一点？

蔡文姬不敢再奢望回归故乡，

并且已经做好了与孩子相守、葬身荒漠的打算。

但就在这时候，转机忽然出现了。

时光倏忽而过，一晃就是十二年。
就在这一年，忽然有一名外乡人，
给蔡文姬带来了可以回到故乡的消息。

什么？！你说我终于
可以回到故乡了？

蔡文姬

据说，卫仲道有一个哥哥叫卫觊（jì），
在曹操手下工作。
有一次，卫觊到关中出差，
偶然听说曾经的弟媳在匈奴人手里。
出差结束后，他把这件事告诉了曹操。
曹操与蔡邕是好友，
知道消息后，很快就派人与匈奴谈判，
说愿意花重金将蔡文姬赎回。

能够被赎回，是一种幸运，但也是一种不幸，

因为匈奴人虽答应放蔡文姬回到故乡，

但要求她将两个孩子留下来。

蔡文姬想要回到自己的故乡，可是她又怎么忍心从此与孩子们分别呢？

你们要好好的，妈妈……妈妈以后再也看不到你们了……

妈妈，你不是特别喜欢我吗？你怎么不要我了？

这个选择对蔡文姬来说真是太痛苦了。

她看看这个孩子，再看看那个孩子，怎么也不忍迈出离去的脚步。

她有一首荡气回肠的《胡笳十八拍》，

字字含泪，句句泣血，写尽了她离开亲生孩子的痛苦。

…………

不谓残生兮却得旋归，抚抱胡儿兮泣下沾衣。

汉使迎我兮四牡骓（fēi）骓，胡儿号兮谁得知？

与我生死兮逢此时，愁为子兮日无光辉，焉得羽翼兮将汝归。

一步一远兮足难移，魂消影绝兮恩爱遗。

十有三拍兮弦急调悲，肝肠搅刺兮人莫我知。

…………

蔡文姬

可是归程的号角已经吹响，
迎接蔡文姬的汉使正在等待她启程，
故国和家园都在远方召唤着她。
蔡文姬没有选择的自由，只能一步步离去。
尽管她知道，她这一走，与孩子们就是永别。
归汉的车辆渐行渐远，
很快，孩子们就被车辆甩在后面，
渐渐地变成了两个小点，
渐渐地，再也看不见了。

这一年，蔡文姬已经人过中年。
从被胡人掳走，到回归故乡，
她的青春与梦想早已消失殆尽。

让蔡文姬失望的是，
回到故乡后，她的家园已经变得一片狼藉。
亲人们死的死，亡的亡，
全都不见了。
入目之处，皆是凄凉。

我的亲人们，
为什么都不见了？

没有了亲人，想起在北方的两个孩子，蔡文姬时刻被思念缠绕着。

可这时的她，只能在梦中看到两个孩子了。

我的孩子们，你们有没有按时吃饭？是不是长高了呀？

也许是同情蔡文姬的遭遇，曹操安置了她，

还安排她嫁给屯田都尉董祀。

虽然董祀官职很低，

既不是出身名门大族的子弟，也不是文采斐然的才子，

但当时的蔡文姬已经没有别的选择了。

经历过这么多坎坷，蔡文姬已对生活没有太多奢望，

只想安安静静过安安稳稳的日子。

希望他不要嫌弃我啊！

然而，人有旦夕祸福，
就在她以为平静的日子已经来临的时候，又一桩横祸发生了。
不知道为什么，董祀触犯了法律，当斩！
当蔡文姬接到消息的时候，曹操已经签发了处决令。

我失去了我的父亲、我的孩子，难道我还要再次失去我的丈夫吗？！

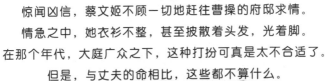

蔡文姬

惊闻凶信，蔡文姬不顾一切地赶往曹操的府邸求情。
情急之中，她衣衫不整，甚至披散着头发，光着脚。
在那个年代，大庭广众之下，这种打扮可真是太不合适了。
但是，与丈夫的命相比，这些都不算什么。

此时，曹操正在商议公务，府邸里高朋满座，
听闻蔡文姬前来，他马上停下手头的事，召集众人一同前去。

蔡文姬向曹操陈述自己的哀情，言辞哀婉，满面凄苦，众人无不动容。
可曹操并不想马上就放了她丈夫，他给蔡文姬出了个难题。

曹操被蔡文姬的言辞打动了，不再为难蔡文姬，

当场派人追回了处决令，

并赐给蔡文姬衣服、头饰、鞋袜。

曹操是个爱才的人，重视文化事业，

于是他又向蔡文姬提出了问题。

曹操问："听说你家原来藏有很多古籍，你还记得其中的内容吗？"

蔡文姬回答：

"先父在世之时，我家藏书四千多卷，后来它们因为战乱都丢失了。

我只记得其中四百多篇文章。"

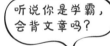

听说你是学霸，
会背文章吗？

今天就让您见识
一下学霸的厉害！

蔡文姬

听闻蔡文姬还能背出这么多文章，曹操十分欣喜。

对他来说，这可是比金玉还要珍贵的宝贝。

他想派十个书吏去蔡文姬家，蔡文姬边背诵，书吏们边把文章记下来。

可蔡文姬告诉曹操不用这么麻烦。

请您赐给我纸笔，我写给您就是了。您想要什么字体尽管说，写不出来算我输。

闯进古文才子班

听了蔡文姬的话，曹操欣然应允。

因为他知道，蔡邕是书法大家，字写得非常好。

作为蔡邕的女儿，蔡文姬亲自书写，肯定要比书吏们写得好。

蔡文姬的承诺绝非虚言，她果真以一己之力，将这些文章默写了出来。

蔡文姬写下的这四百多篇文章是什么呢？

历史没有记载，我们也不知道。

我们只知道，她回顾自己的一生，

无畏地抒写自己内心最为真实的情感与想法，写下了两首《悲愤诗》。

一首是前面提过的五言诗，

它也是中国历史上第一首文人创作的自传体五言长篇叙事诗；

另一首《悲愤诗》是楚辞形式的骚体诗。

···········

言兜离兮状窈停，岁聿（yù）暮兮时迈征。

夜悠长兮禁门扃（jiōng），不能寝兮起屏营。

登胡殿兮临广庭，玄云合兮翳（yì）月星。

北风厉兮肃泠泠，胡笳动兮边马鸣。

孤雁归兮声嘤嘤，乐人兴兮弹琴筝。

音相和兮悲且清，心吐思兮胸愤盈。

欲舒气兮恐彼惊，含哀咽兮涕沾颈。

···········

五言《悲愤诗》总共一百零八句，五百四十字，
后人往往把这首诗和《孔雀东南飞》相提并论，
这首诗被公认为汉魏时期最重要的长篇五言诗代表作之一。
它以长篇五言的形式以及叙事和抒情兼而有之的艺术特色，
将五言诗推向了一个新的发展阶段。
在文学方面如此了不起的成就，
让蔡文姬在人才济济的建安诗人中，也占据了一席之地。

蔡文姬不仅是我国古代文学史上一位了不起的女诗人，
她在书法艺术的传承中也做出了不可磨灭的贡献。
蔡文姬继承了蔡邕的"飞白书"，
后来将它传给了大书法家钟繇（yáo），
钟繇将之教给了卫夫人，
而卫夫人又收了王羲之为弟子。

蔡邕

蔡文姬

钟繇

卫夫人

王羲之

蔡文姬

蔡文姬在音乐方面也拥有杰出的才华，那首荡气回肠的《胡笳十八拍》，

既是一首古琴名曲，也是一篇乐府琴曲歌辞，

历经千年，仍然深深打动着听众。

《后汉书》中有一篇关于蔡文姬的传记，

但这篇传记却不是以她的名字命名的，其名为《董祀妻传》。

这篇传记突出了她以才华挽救自己丈夫的事迹。

从封建社会的角度看，一名女子挽救丈夫，是值得褒扬的壮举。

但我们今天更赞颂的是蔡文姬的学识。

她生于乱世，命运多舛，饱受劫难，漂泊流离，

却因才华而在历史中占有一席之地。

如果她生于和平年代，一定会有幸福的一生吧。

如果能生在和平年代，自由地追逐幸福，那一定很好！